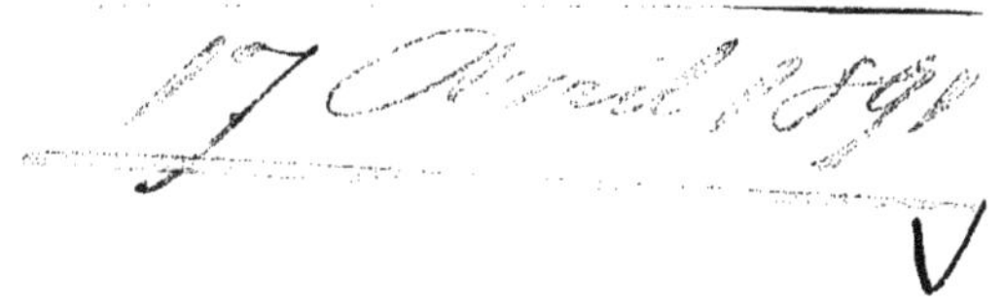

VENTE DU VENDREDI 17 AVRIL 1891

HOTEL DROUOT, SALLE N° 5

FAIENCES & PORCELAINES

Objets Variés

AIGUIÈRES EN ÉTAIN DU XVIe SIÈCLE

NETSUKÉS

*Collection intéressante de Groupes et Figurines
en Biscuit de Sèvres et autres.*

EXPOSITION PUBLIQUE

LE JEUDI 16 AVRIL 1891

De 1 heure 1/2 à 5 heures 1/2

COMMISSAIRES-PRISEURS

Me PAUL CHEVALLIER

10, rue de la Grange-Batelière, 10.

Me LÉON FONTAINE

42, rue Blanche, 42.

EXPERT

M. CH RLES MANNHEIM

7, rue Saint-Georges, 7,

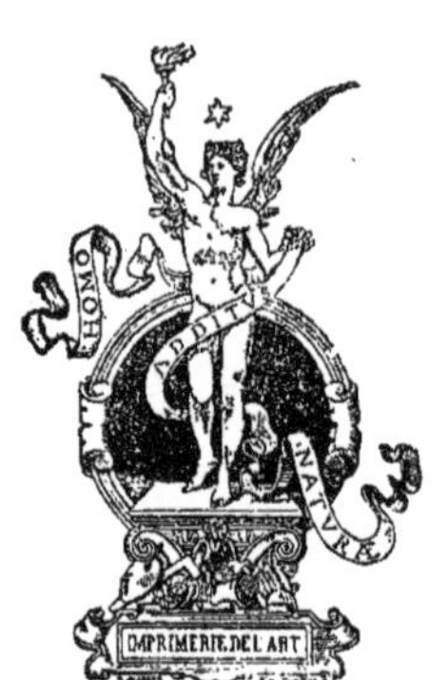

HONO
DEI
NATURÆ
IMPRIMERIE DEL ART

CATALOGUE

DES

FAIENCES ET PORCELAINES

Collection intéressante de groupes et figurines
en biscuit de Sèvres et autres

Service en porcelaine dite de l'Inde

OBJETS VARIÉS

AIGUIÈRES EN ÉTAIN DU XVIᵉ SIÈCLE

Netsukés

BRONZES — MÉDAILLES

DONT LA VENTE AURA LIEU

HOTEL DROUOT, SALLE Nᵒ 5

Le Vendredi 17 Avril 1891

à 2 heures

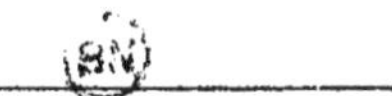

COMMISSAIRES-PRISEURS

Mᵉ PAUL CHEVALLIER | **Mᵉ LÉON FONTAINE**
10, rue de la Grange-Batelière, 10 | 42, rue Blanche, 42

EXPERT

M. CHARLES MANNHEIM, 7, rue Saint-Georges.

EXPOSITION PUBLIQUE

Le Jeudi 16 Avril 1891, de 1 heure 1/2 à 5 heures 1/2

CONDITIONS DE LA VENTE

Elle sera faite au comptant.

Les acquéreurs payeront *cinq pour cent* en sus des adjudications, applicables aux frais de la vente.

L'exposition mettant le public à même de se rendre compte de l'état des objets, il ne sera admis aucune réclamation une fois l'adjudication prononcée.

Paris. — Imprimerie de l'Art, E. MÉNARD ET Cⁱᵒ, 41, rue de la Victoire.

DÉSIGNATION DES OBJETS

BISCUITS

1 — Groupe en biscuit de Sèvres : la Fée Urgèle, marqué B. R. : *Brachard père ;* modèle à Sèvres. (Reproduit dans la *Revue des Arts décoratifs.*)

2 — Figurine en biscuit de Sèvres : la Belle Provençale, marquée L. R. 13 : *Le Riche ;* modèle à Sèvres ; reproduction en pâte dure au foyer de la Comédie-Française. (Reproduit dans la *Revue des Arts décoratifs.*)

3 — Figurine en biscuit de Sèvres : le Marchand de coco, marquée 8 ; provenant de la collection du feu roi de Bavière, Louis II. Le modèle n'existe plus à Sèvres. (Reproduit dans la *Revue des Arts décoratifs.*)

4 — Figurine en biscuit de Sèvres : la Petite Marchande de galettes, marquée J. B. : *Joseph Bachelier.*

5 — Figurine en biscuit de Sèvres : le Jeune Porcher, marquée B. R. : *Brachard père ;* fragment du modèle de Sèvres.

6 — Figurine en biscuit de Sèvres : la Fermière, marquée J. B. : *Joseph Bachelier ;* modèle à Sèvres. (Reproduit dans la *Revue des Arts décoratifs.*)

7 — Figurine en biscuit de Sèvres : la Marchande de pots de crème, marquée L. R. : *Le Riche ;* modèle à Sèvres. (Reproduit dans la *Revue des Arts décoratifs.*)

8 — Figurine en biscuit de Sèvres : le Batteur en grange, marquée L. R. : *Le Riche ;* modèle à Sèvres.

9 — Figurine en biscuit de Sèvres : la Batteuse de beurre, L. R. : *Le Riche.* Pendant de la précédente. Ce modèle n'existe plus à Sèvres.

10 — Figurine en biscuit de Vincennes : le Petit Faucheur, marquée F en creux : *Fernex ;* modèle à Sèvres. (Reproduit dans la *Revue des Arts décoratifs.*)

11 — Groupe en biscuit de Vincennes : le Sabot cassé, marqué F en creux : *Fernex ;* modèle à Sèvres. (Reproduit dans la *Revue des Arts décoratifs.*)

12 — Figurine en biscuit de Vincennes : le Petit Marchand de fleurs, marquée F en creux : *Fernex ;* modèle à Sèvres.

13 — Groupe en biscuit de Mennecy : les Petits Vendangeurs, marqué D. V. S. (Reproduit dans la *Revue des Arts décoratifs.*)

14 — Groupe en biscuit de Tournay, provenant d'un surtout de table : trois paysans sur terrasse. (Reproduit dans la *Revue des Arts décoratifs.*)

15 — Groupe en biscuit de Saxe : l'Amour et Psyché, d'après Canova. — Haut., 30 cent.; long., 13 cent.

16 — Médaillon en ancien biscuit de Paris : Louis XIV, d'après Lebrun. Marqué D. N.

PORCELAINES EUROPÉENNES

17 — Pomme de canne en ancienne porcelaine blanche de Chantilly, représentant une tête d'homme coiffée d'un chapeau en forme de bec et de queue de canard.

18 — Groupe en ancienne porcelaine blanche de Vincennes : Berger et bergère, sur terrasse.

19 — Groupe en ancienne porcelaine blanche de Mennecy : l'Hiver et l'Été, sur terrasse.

20 — Figurine en porcelaine blanche de Capo di Monte : le Mendiant manchot. Signé : *Aniello*.

21 — Deux médaillons en biscuit de Wedgwood : Bustes de femme et d'homme, en blanc sur fond bleu.

22 — Figurine en ancienne porcelaine blanche de Saxe : Chinois s'appuyant sur un vase porte-bouquet. — Haut., 27 cent.; larg., 17 cent.

23 — Figurine en porcelaine blanche d'Allemagne : la Joueuse de cithare. — Haut., 12 cent.; larg., 5 cent.

24 — Groupe sur terrasse en ancienne porcelaine de Vienne polychrome, rappelant la fondation de l'église Saint-Charles, de Vienne : il comprend deux anges, l'un tenant la vue de l'église, l'autre assis auprès d'un livre, d'un compas et d'un plan des fortifications de Vienne. — Haut., 23 cent.; larg., 14 cent.

25 — Urne ovoïde couverte en porcelaine de Vienne, décorée sur fond vert avec rehauts d'or de deux médaillons présen-

tant : l'un une figure d'Esculape, l'autre une inscription.
— Haut., 37 cent.

26 — Bougeoir en porcelaine de Vienne, décor en camaïeu
violet rehaussé d'or, avec un groupe de personnages en
couleurs.

27 — Tasse trembleuse et son présentoir en ancienne porcelaine de Vienne à fond vert pomme rehaussé d'or.

28 — Tasse et soucoupe en ancienne porcelaine de Vienne
émaillée brun, à l'imitation du bois, avec figures
humaines.

29 — Service en porcelaine de Saxe-Marcolini à fleurs, com-
posé de : une cafetière couverte, un pot à lait couvert,
un flacon à thé couvert, un sucrier couvert, un bol, un
ravier, six tasses droites et soucoupes, et dix-huit tasses
de forme arrondie et soucoupes; en tout, cinquante-
quatre pièces,

30 — Tasse cul-de-poule couverte et sa soucoupe, en porcelaine de Saxe-Marcolini : réserves d'amours sur fond
gros bleu rehaussé de dorure.

31 — Deux salières à trois récipients chacune et poignées
en forme de dauphins, en porcelaine de Derby : décor
de fleurs en bleu.

32 — Bougeoir à plateau en forme de feuille en porcelaine
de la Haye à décor de fleurs.

33 — Coupe en porcelaine dure blanche ajourée, supportée
par un groupe d'enfants en biscuit reposant sur un socle
carré en porcelaine dure à décor d'amours.

PORCELAINES DE CHINE ET DU JAPON

34 — Service de deux cent trente-cinq pièces en porcelaine
dite de l'Inde à décor bleu, comprenant : cinquante-neuf
assiettes octogones, vingt-neuf assiettes creuses octogones, vingt et une assiettes à décor de pagodes, six
assiettes à personnages ou animaux, deux assiettes à
décor de haie fleurie, trente-quatre petits plateaux ronds
ou octogones de cinq modèles différents, quatre salières,
deux beurriers couverts avec leurs plateaux, deux flacons
à thé couverts, quatre saucières, quatre raviers, deux
grands légumiers couverts et quatre petits, couverts
aussi, quatre grands compotiers et huit plus petits,
quatre grands bols et quatre plus petits de modèles différents, vingt-trois plats longs de huit modèles différents,
dix sept plats octogones de trois modèles différents et
deux plateaux à découper ajourés.

35 — Trois pièces en ancienne porcelaine de Chine, famille
rose : deux grands compotiers à quatre faces et un grand
bol à fleurs.

36 — Six plats en ancienne porcelaine de Chine, famille
rose : fleurs et animaux. Ils sont de grandeurs diffé-
rentes.

37 — Six assiettes en ancienne porcelaine de Chine, famille
verte : fleurs et oiseaux avec bordures en b.eu.

38 — Trente-deux assiettes en ancienne porcelaine de Chine,
famille verte : buisson fleuri.

39 — Quatorze compotiers en ancienne porcelaine de Chine, famille verte : branches fleuries.

40 — Sept pièces en ancienne porcelaine de la Compagnie des Indes : une théière couverte, un pot à lait couvert, un flacon à thé de forme ovoïde couvert, un bol, deux tasses et un petit plateau : décor de paons et guirlandes dorées.

41 — Douze gobelets couverts et leurs soucoupes en porcelaine du Japon à décor bleu, rouge et or : fleurs et paysages. Ils ne sont pas de même modèle ni de même décor.

42 — Assiette en ancienne porcelaine de la Compagnie des Indes, famille rose : branches fleuries.

43 — Assiette en porcelaine de l'Inde à décor bleu : paysage au fond, avec fleurs au marli.

44 — Deux pièces : théière couverte en ancienne porcelaine de la Compagnie des Indes, à fleurs, et bol en porcelaine à décor japonais bleu et rouge.

45 — Potiche ovoïde couverte en porcelaine du Japon à décor bleu, rouge et or rehaussé de vert : personnages, habitations et branches fleuries.

46 — Potiche à pans couverte en porcelaine du Japon, décor bleu de branches fleuries.

47 — Plat creux à bords festonnés en porcelaine du Japon, à décor bleu, rouge et or : personnages au fond, compartiments de fleurs à la chute.

48 — Fontaine cylindro-conique couverte et à anses en

porcelaine du Japon à décor bleu, rouge et or :
paysages.

49 — Cache-pot circulaire en porcelaine, à décor japonais,
bleu, rouge et or : fleurs.

50 — Deux statuettes : l'une de femme, en porcelaine **du**
Japon ; l'autre d'homme, en poterie de Satzuma.

FAIENCES

51 — **Rouen**. Plat oblong à bords contournés, à décor
polychrome, dit à la panthère. Marqué G. 3. *Guillibaud* (?).
— 40 cent. sur 28 cent.

52 — **Rouen**. Bannette à bords contournés et anses en
forme de serpents, décor polychrome de fleurs. Marquée
C. D. — 35 cent. sur 22 cent.

53 — **Rouen**. Compotier creux à décor polychrome, dit au
vase Médicis. Marqué V. en noir. — Larg., 20 cent.

54 — **Rouen**. Assiette à bords contournés, décorée de
quatre cornes d'abondance émaillées vert. Marquée D. V.
— Diam., 25 cent.

55 — **Rouen**. Assiette à bords festonnés, décor polychrome
à la corne. Marquée H. V. — Diam., 23 cent.

56 — **Rouen**. Deux jardinières-appliques à décor de lambrequin en couleurs.

57 — **Rouen**. Assiette ronde, décor bleu et rouille : corbeille de fleurs au centre, bordure de quadrillés.

★

58 — **Rouen**. Plat à bords contournés à décor polychrome : corbeille de fleurs au centre, lambrequins au marli.

59 — **Rouen**. Compotier à bords festonnés à décor polychrome de branches fleuries et oiseau; au revers, branchages.

60 — **Rouen**. Grand plat rond à décor bleu rayonnant : rosace au fond et lambrequin au marli et à la chute.

61 — **Rouen**. Vase cylindrique légèrement renflé à décor bleu : lambrequins et rinceaux.

62 — **Sinceny**. Deux vases à décor polychrome, dit au Chinois. — Haut., 40 cent.

63 — **Marseille**. Assiette à bords festonnés, décor de fleurs.

64 — **Marseille**. Assiette à bords festonnés, décor de personnages chinois émaillés vert.

65 — **Marseille**. Légumier ovale couvert à anses branchages, décor polychrome de fleurs.

66 — **Marseille**. Pot couvert, décor polychrome, dit au Chinois. — Haut., 25 cent.

67 — **Marseille**. Assiette à bords contournés : scène maritime. Marquée V. P. : *veuve Perrin*. — Diam., 24 cent.

68 — **Moustiers**. Assiette à bords contournés, décor polychrome : personnages grotesques.

69 — **Moustiers**. Assiette à décor bleu : fleurs et bordure de dentelle.

70 — Moustiers. Plateau à bords festonnés, bordure de dentelle en bleu.

71 — Moustiers. Deux cache-pots cylindriques : animaux et personnages grotesques émaillés vert.

72 — Moustiers. Assiette à bords festonnés à décor polychrome : Daphnis et Chloé; marli orné de guirlandes. Marquée O. P. : *Olery*. — Diam., 27 cent.

73 — Avignon. Aiguière à panse ovoïde, piédouche, anse torsade, décorée sur fond marron de pampres verts et jaunes en léger relief; mascaron sous le déversoir.

74 — Strasbourg. Plateau oblong à bords contournés, décor de fleurs. Fabrique d'Hannong.

75 — Strasbourg. Assiette creuse, décor de fleurs. Même fabrique.

76 — Sceaux. Jardinière carrée : fleurs en bleu.

77 — Nevers. Pot sur trois pieds et à deux anses à décor bleu : scènes de la vie du Christ.

78 — Nevers. Saladier polychrome : le Pont de Nevers. Date 1797. — Diam., 33 cent.

79 — Nevers. Pichet à décor polychrome : la Bastille. Époque révolutionnaire.

80 — Faïence française. Chauffe-mains à décor de manganèse et bleu, en forme de livre; sur une face, on lit : *Vive les sant Culote, 1793;* sur le verso, *Vive la République;* au dos, *la Vie de J. Ferlet.*

81 — **Aprey**. Encrier à décor polychrome : oiseau et papillon.

82 — **Saint-Amand**. Assiette à décor polychrome : fleurs et rehauts de blanc.

83 — **Faïence française**. Deux pièces : porte-huilier et petite théière ornés de fleurettes.

84 — **Faïence française**. Légumier oblong couvert, décor de fleurs, fruit en relief.

85 — **Delft**. Assiette à décor polychrome : réserves contenant des branches fleuries et se détachant sur un fond vert.

86 — **Delft**. Deux assiettes polychromes : l'une à décor d'arbustes, l'autre de corbeille fleurie.

87 — **Delft**. Assiette à décor bleu : scène maritime avec légende.

88 — **Delft**. Cornet à pans couvert, décor polychrome : paysages et animaux.

89 — **Delft**. Plateau rond sur piédouche à décor bleu.

90 — **Delft**. Deux beurriers octogones couverts et leurs plateaux, décor bleu.

91 — **Delft**. Plat rond à décor de réserves contenant des fleurettes et se détachant sur un fond vert. Marqué C. — Diam., 30 cent.

92 — **Delft**. Plaque ovale à décor bleu : paysage animé dans la manière japonaise.

93 — **Delft.** Deux bannettes à bords contournés, décor bleu : personnages dans un jardin.

94 — **Delft.** Deux plats ronds à bords festonnés ; décor bleu : oiseaux, rinceaux et fleurs.

95 — **Delft.** Deux plats ronds à bords festonnés ; décor bleu : vases de fleurs.

96 — **Faïence allemande.** Deux plats à bords festonnés ; décor bleu : arbre fleuri.

97 — **Manissès.** Deux plats creux, à décor rouge cuivreux métallique : pélican et rinceaux.

98 — **La Frata.** Petit plat creux à large marli, à décor gravé de rinceaux à grandes feuilles d'un ton jaunâtre se détachant sur un fond ocre : au fond, un écu armorié en couleurs.

99 — **Urbino.** Coupe sur piédouche, à décor polychrome : château fort et grotesques. Encadrée.

100 — **Castelli.** Deux plaques rectangulaires à décor polychrome : paysages animés. Encadrées.

101 — **Castelli.** Assiette : amour.

102 — **Faïence italienne** du xviie siècle. Grand plat rond à décor polychrome en plein : la Vocation d'Abraham.

103 — **Faïence italienne.** Plat à décor de fruits en couleurs.

104 — Service à thé en faïence décorée en camaïeu bleu ; il comprend une théière couverte, un pot à eau couvert, un

pot à lait couvert, un sucrier couvert, six tasses et leurs
soucoupes.

105 — Lot de poteries mexicaines.

106 — Lot de très petites figurines en grès du Japon : personnages et groupes.

OBJETS VARIÉS

107 — Aiguière à panse ovoïde, piédouche, anse et goulot
découpé en étain doré ; elle est décorée en léger relief
de mascarons, animaux, godrons et cariatides ; sous le
déversoir, grand mascaron tête de femme, et sur l'anse
tête de femme en ronde bosse. xvie siècle. — Haut.,
29 cent.

108 — Aiguière de forme analogue à la précédente en étain ;
la panse est ornée de trois scènes relatives à l'histoire
de Suzanne et les Vieillards ; sur l'épaulement, le culot
et sous le déversoir, des mascarons, des cartouches et
des godrons. xvie siècle. — Haut., 29 cent.

109 — Écritoire en bronze à patine brune ; de forme trian-
gulaire et ornée d'une frise de rinceaux, elle est sur-
montée d'un amour monté sur un dauphin et repose sur
un pied en forme de serre d'oiseau. Italie. xvie siècle.

110 — Figurine en bronze du Japon : personnage debout.

111 à 114 — Environ vingt-quatre netsukés en bois ou
ivoire : groupes, personnages, animaux.

115 à 121 — Environ quarante-deux groupes ou figurines en bois ou ivoire japonais : personnages grotesques, scènes familières, guerriers, animaux, etc.

122-123 — Dix-neuf petits masques japonais, en ivoire, en bois naturel ou peint : visages grotesques ou souriants.

124 — Quatre petits panneaux en bois sculpté, de la même suite et en pendants : figures allégoriques des quatre Saisons. Travail français. xvie siècle.

125 — Guéridon en bois noir ; le dessus est formé d'un plat octogone en porcelaine du Japon, à décor bleu, rouge et or rehaussé de vert, branches fleuries et animaux.

126 — Petit médaillier en bois, à nombreux tiroirs.

127 — Guéridon circulaire en noyer sculpté, sur trépied à cariatides.

128 — Vitrine en chêne, vitrée sur trois faces.

129 — Statuette de Bouddha assis, enseignant, en bronze doré. Travail indien.

130 — Statuette de bonze assis et enseignant, en bronze. Travail chinois.

131 — Canon de pistolet en fer damasquiné d'argent, décor de têtes de chérubins et rinceaux. xviie siècle.

132 — Deux pièces gréco-russes en bronze : croix en partie émaillée et fragment de triptyque.

133 — Trois polyptyques gréco-russes en bronze, dont l'un

avec rehauts d'émail : Scènes de la vie du Christ et de la Vierge.

134 — Neuf médailles en argent de différents modules, effigies de Henri IV à Napoléon III.

135-136 — Environ quatre-vingts reproductions de médailles des XVIe et XVIIe siècles, en bronze.

137 — Trois médaillons en bronze : Bonaparte, Kléber et C. Thibaudeau, d'après David.

138-139 — Environ soixante-cinq médailles modernes en bronze.

140 — Quatre pièces : fragment de narghilé, petit poignard à large lame, garde de sabre et pièce de monnaie japonaise.

141-142 — Neuf lampes antiques en terre cuite, ornées de figures de femmes, de têtes ou de feuillages.

143 — Environ douze aiguières et vases antiques en terre cuite unie ou à décor régulier.

144 — Cinq fioles et coupe en verre antique.

145 — Cinq petites têtes de femmes antiques en terre cuite.

146 — Petit masque antique en terre cuite.

147 — Figurine en terre cuite antique : Satyre assis.

148 — Deux haches en bronze vert antique.

149 — Lot de fragments en bronze antique : fibules, poignées, amphore, etc.

150 — Six fragments de sculpture en marbre, albâtre, terre cuite, ivoire : tête de Jupiter et mascarons antiques, torse, feuillages, cavalier.

151 — Lot de nombreux échantillons de marbres, granits, porphyres, etc.

152 — Terre cuite. Deux statuettes : personnages debout vêtus à l'antique.

153 — Terre cuite. Groupe : Vénus et Adonis.

154 — Figure de femme égyptienne en bronze vert.

155 — Lot de divinités égyptiennes de diverses dimensions, en terre émaillée ou bois.

156 — Montre du xviie siècle à boîtier d'argent partiellement ajouré à rinceaux.

157 — Quatre petits vitraux ronds : saints personnages. xvie siècle.

158 — Verrière contenant un vitrail rectangulaire en largeur, représentant quatre personnages avec scènes rustiques à la partie supérieure; en bas, inscriptions allemandes et date 1654. Travail suisse. xviie siècle.

159 — Six pièces : pelote en ivoire, deux plaques émaillées, petit buste en bronze d'Homère, socle plaqué de marbre noir et charte allemande sur vélin.

160 — Deux pièces : couteau et fourchette à manches d'argent doré; décor de fleurs et fruits.

161 — Quatre pièces provenant d'une poignée d'épée Louis XV, en fer partiellement doré et ajouré à trophées et rocailles.

162 — Cadre en bois sculpté et doré du XVIIᵉ siècle : fleurs.

163 — Presse-papiers en malachite.

164 — Fragment de tuyau de narghilé en ambre, garni en or et pierres de couleurs.

165-166 — Environ trente pièces : fragments et lés de soie brochée.

167 — Fragment de satin prune brodé à bouquets de fleurs.

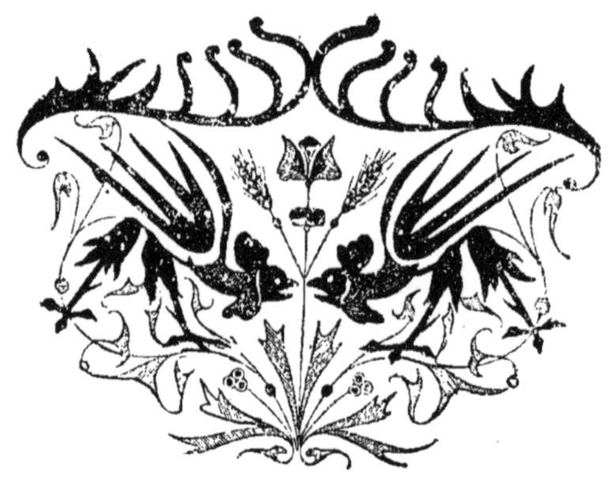